*Zu diesem Buch*

ERIWAN (JEREWAN): Hauptstadt der Sowjetrepublik Armenien. Gelegen am Fluß Sanga. Geistiges Zentrum Armeniens. Universität. Erste Erwähnung Eriwans im Jahre 782 vor unserer Zeitrechnung. Wirtschaft und Industrie: Obst- und Gemüseanbau, synthetischer Kautschuk, Automobilindustrie, elektronische Rechenmaschinen, Export von 170 Erzeugnissen in über 70 Länder der Erde.
SENDER ERIWAN: Rundfunk- und Fernsehstation. Intendant: Dr. A. M. Kirakosjan. Sender Eriwan strahlt vier Programme in sieben Sprachen aus: Armenisch, Russisch, Arabisch, Aserbeidschanisch, Kurdisch, Englisch, Französisch. Wellenlängen: 1181,1 m, 4,5 m, 4,25 m, 74,26 m, 347,6 m, 41,27 m, 248,42 m.
Der Sender Eriwan ist also keine kapitalistische Erfindung! Die Fragen und Antworten in diesem Band sind allerdings mit großer Wahrscheinlichkeit nicht ›Original Eriwan‹. »Dürfte Eriwan senden, was in dieser kleinen Sammlung zusammengetragen ist — der Kommunismus wäre eher zu ertragen, die militanten Antikommunisten hätten gleichermaßen weniger zu lachen. So aber werden vielfach die Falschen hämisch den Mund verziehen und jene, die es eigentlich angeht, nur sehr versteckt schmunzeln. Daß Radio Eriwan nicht senden darf, was viele Russen gern hören würden, sollte dem Antikommunismus keine Bestätigung des blinden Hasses und schon gar nicht für uns der Anlaß für Überheblichkeit sein.« (Michael Schiff in ›Radio Eriwan antwortet‹ — Fischer Taschenbuch Bd. 1298.)

# Neues von Radio Eriwan

Gesammelt und
herausgegeben von
Wolfgang W. Parth
und Michael Schiff

Fischer
Taschenbuch
Verlag

Fischer Taschenbuch Verlag
September 1972
Umschlagentwurf: Lothar Staedler
unter Verwendung einer Zeichnung von Ivan Steiger
Fischer Taschenbuch Verlag GmbH, Frankfurt am Main
Lizenzausgabe mit freundlicher Genehmigung
des Lichtenberg Verlages GmbH, München

Gesamtherstellung: Hanseatische Druckanstalt GmbH, Hamburg
Printed in Germany
ISBN 3 436 01540 7

# Betrachtung über die Betrachtungsweise von Witzen

Es gibt Christen, Juden, Gerichtsvollzieher, Zahlkellner, Bardamen, Politiker, Steuerprüfer, Kapitalisten, Sowjetrussen, Studenten, Strichmädchen, Architekten, Polizisten, Schwiegermütter, Schotten, Staatsanwälte.
Zwangsläufig gibt es daher auch Witze über Christen, Juden, Gerichtsvollzieher, Zahlkellner, Bardamen, Politiker, Steuerprüfer, Kapitalisten, Sowjetrussen, Studenten, Strichmädchen, Architekten, Polizisten, Schwiegermütter, Schotten und Staatsanwälte.
Das bedeutet aber nicht, daß diese Witze antichristlich, antisemitisch, gerichtsvollzieherfeindlich, zahlkellnerverletzend, gegen Bardamen, Politiker und Steuerprüfer gerichtet, antikapitalistisch, antisowjetisch, Studenten diffamierend, Strichmädchen beleidigend, gegen Architekten und Polizisten gerichtet, schwiegermüttermordend, unschottisch beziehungsweise staatsanwaltfeindlich sind.
Ergo ...

Die Herausgeber

# Kleine und große Kümmernisse

Frage an Radio Eriwan:
Gibt es bei uns mehr Humor als anderswo?
Radio Eriwan antwortet:
Im Prinzip ja. Aber wir haben ihn auch nötig.

Frage an Radio Eriwan:
Ginge es uns besser, wenn wir Amerikaner wären?
Radio Eriwan antwortet:
Weiße oder schwarze?

Frage an Radio Eriwan:
Gibt es einen Unterschied zwischen Wirbelsäule und Rückgrat?
Radio Eriwan antwortet:
Im Prinzip nein. Aber eine Wirbelsäule hat jeder.

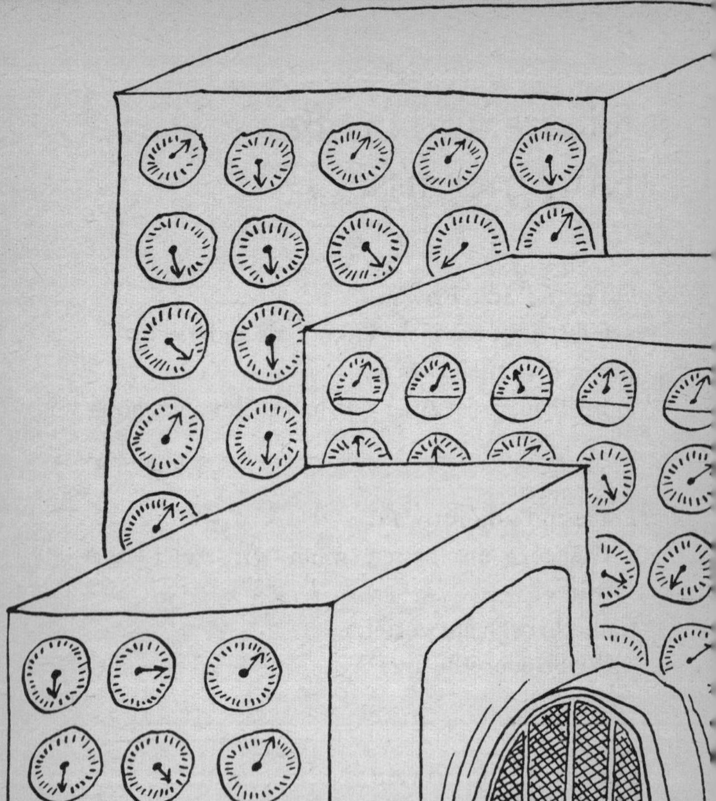
ERIWAN

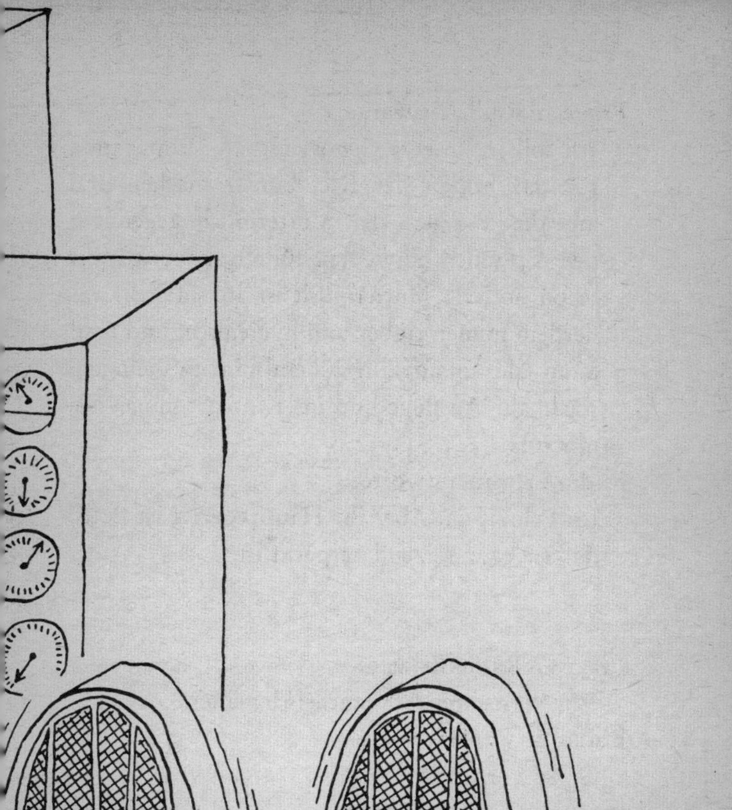
ERIWAN
ERIWAN

Frage an Radio Eriwan:

Ich soll in unserer Genossenschaft Propaganda für das Stillen der Kleinkinder machen und auf die Vorzüge der Muttermilch gegenüber der Kuhmilch hinweisen. Einiges habe ich mir schon notiert: Muttermilch ist stets frisch, außerdem immer sauber und hygienisch, und man kann sie unauffällig überallhin mitnehmen, sogar auf Ausflüge und ins Kino. Stimmen Sie mir zu?

Radio Eriwan antwortet:

Im Prinzip ja. Aber ihr Hauptvorzug ist doch, daß sie ganz reizend verpackt ist.

Frage an Radio Eriwan:

Wie vermehren sich Stachelschweine?

Radio Eriwan antwortet:

Ganz vorsichtig!

Frage an Radio Eriwan:

Bellt ein sowjetischer Hund lauter als ein amerikanischer?

Radio Eriwan antwortet:

Im Prinzip ja – sofern ihn nicht der Maulkorb daran hindert.

Frage an Radio Eriwan:

Gestern nacht versuchte ein Mann mich zu vergewaltigen. Als zufällig ein paar Passanten vorüberkamen, floh er. Wenn ich Ihnen für eine Suchmeldung seine Personenbeschreibung durchgebe, hoffe ich, daß er bald gefunden wird. Geht das?

Radio Eriwan antwortet:

Im Prinzip ja. Aber muß es unbedingt derselbe sein?

Frage an Radio Eriwan:

Im Kaukasus soll es trotz der sozialistischen Aufklärung noch viele rätselhafte Dinge geben. So erzählte mir ein Freund, daß auf einem Dorfbrunnen ein bronzener Drachen sitzt, der jedesmal, wenn eine Jungfrau vorübergeht, freudig erregt mit dem Schwanz wedelt. Ist so etwas möglich?

Radio Eriwan antwortet:

Im Prinzip ja. Aber selbst die ältesten Einwohner können sich nicht erinnern, das Wunder jemals erlebt zu haben.

Frage an Radio Eriwan:

Ich habe den Zuchthahn einer Geflügelfarm totgefahren. Jetzt verlangt man von mir, daß ich das Tier voll und ganz ersetze. Kann man das machen?

Radio Eriwan antwortet:

Im Prinzip ja. Wenn es die Hennen nicht merken . . .

Frage an Radio Eriwan:

Der Zuchtstier unserer Kolchose braucht nicht zu arbeiten. Er muß nur ab und zu die ihm von der Natur auferlegte Aufgabe erfüllen und bekommt dafür noch eine reichliche Futterzulage. Könnte ich in der Brigade nicht eine ähnliche Funktion übernehmen?

Radio Eriwan antwortet:

Im Prinzip ja. Aber uns scheint, daß Sie ein Ochse sind.

Frage an Radio Eriwan:

Unser ältestes Parteimitglied hat nach jahrzehntelanger Kinderlosigkeit plötzlich Drillinge bekommen. Woran kann das liegen?

Radio Eriwan antwortet:

Alte Flinte streut schon.

Frage an Radio Eriwan:

Alle Mitglieder unserer Brigade mußten sich auf Anordnung einer Gesundheitskommission wiegen lassen. Der Gehilfe, der mit einer Dezimalwaage aus dem Nachbardorf kam, registrierte alles genau nach Kilogramm und Gramm. Als ich später einen Durchschlag seiner Liste sah, bemerkte ich, daß hinter dem Körpergewicht der Männer stets das Wort »brutto«, hinter dem Wiegeergebnis der Frauen das Wort »netto« stand. Können Sie mir sagen, was das zu bedeuten hat?

Radio Eriwan antwortet:

Wir haben über das seltsame Verfahren lange nachgedacht und konnten es uns zunächst nicht erklären. Dann aber kamen wir darauf, daß der Gehilfe bei einer Kornablieferungsstelle beschäftigt sein muß. Für Beschäftigte dieser Stellen gibt es nämlich einen gedruckten Leitfaden, in dem es heißt: »Brutto bedeutet mit Sack ...«

Frage an Radio Eriwan:

In der Zarenfamilie gab es früher die sogenannte Bluterkrankheit. Stimmt es, daß man als Frau keine Angst vor diesem Leiden zu haben braucht?

Radio Eriwan antwortet:

Im Prinzip ja. Denn die Bluterkrankheit kann nur durch das männliche Glied fortgepflanzt werden.

Frage an Radio Eriwan:

Warum wird bei uns nicht ebenso wie im Westen die Oben-ohne-Mode propagiert?

Radio Eriwan antwortet:

Weil man uns nicht nachsagen soll, daß unsere Textilindustrie nicht genügend Blusen und Büstenhalter herstellen kann.

Frage an Radio Eriwan:

Um den Tourismus zu fördern, hat man vor einigen Wochen in Moskau ein Striptease-Lokal eröffnet. In den ersten Tagen war der Andrang der ausländischen Gäste sehr groß. Dann aber sind alle weggeblieben, und das Lokal steht jetzt ständig leer. An den Getränken kann es nicht liegen, da raffinierte Drinks geboten werden. Auch das Essen kann nicht die Ursache des Mißerfolgs sein, da man die besten Köche Moskaus verpflichtete. Liegt es vielleicht an den Striptease-Tänzerinnen?

Radio Eriwan antwortet:

Auch da können Sie beruhigt sein. Alle sind seit mindestens vierzig Jahren treue Parteimitglieder!

Frage an Radio Eriwan:

Bei einer Reise durch Armenien habe ich in einem Erster-Klasse-Hotel ein großes Zimmer bestellt, bekam aber nur ein kleines dunkles. Was soll ich tun?

Radio Eriwan antwortet:

Bestellen Sie sich an der Bar zum Ausgleich ein großes Helles!

Frage an Radio Eriwan:

Stimmt es, daß die neuen Modelle der Moskauer Modehäuser bereits alle verkauft sind?

Radio Eriwan antwortet:

Im Prinzip ja. Das Moskauer Filmstudio hat sie für historische Filmaufnahmen aufgekauft.

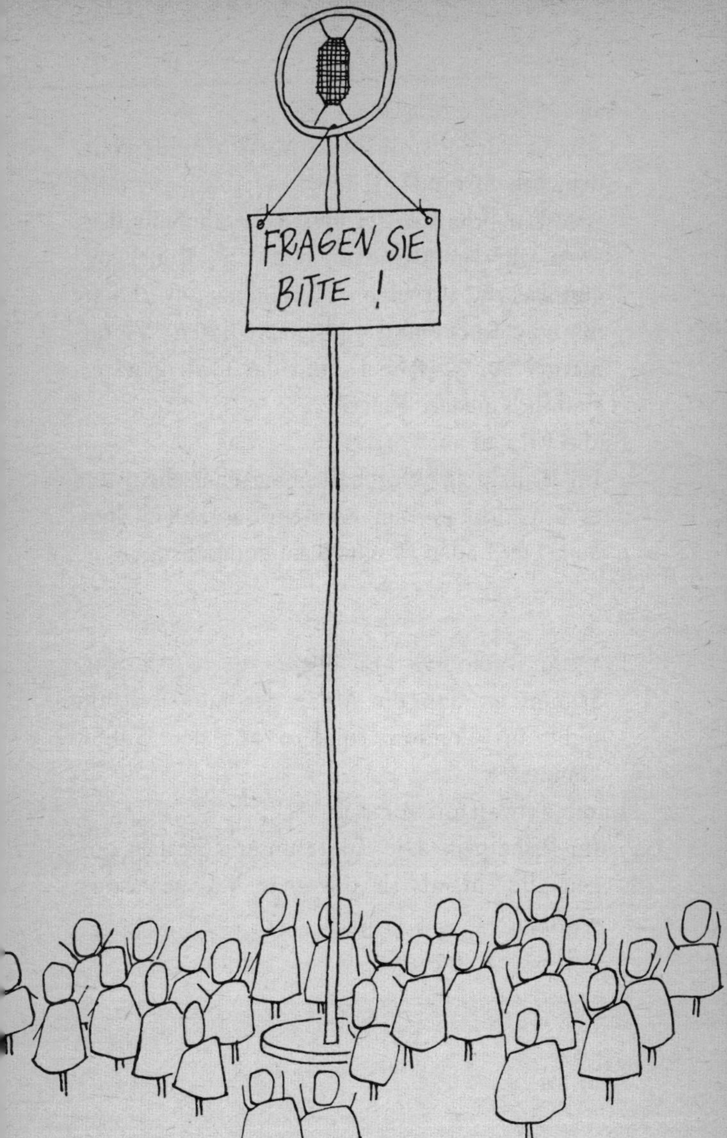
FRAGEN SIE
BITTE !

Frage an Radio Eriwan:

Ich war das erste Mal in Moskau und wollte den Lebensstandard der Sowjetbürger studieren. Ein Schaufenster fesselte mich besonders. Dort war ein Damenkleid mit 20 Rubel ausgeschrieben, für einen Herrenanzug verlangte man 25 Rubel und für einen dicken Wintermantel nur 30 Rubel. Sind das nicht ganz erstaunlich niedere Preise?

Radio Eriwan antwortet:

Im Prinzip ja. Nur haben Sie übersehen, daß es sich nicht um ein Konfektionsgeschäft handelt. Der Laden ist eine Reinigungsanstalt.

Frage an Radio Eriwan:

Stimmt es, daß die Mode der kurzen Röcke nicht aus London, sondern aus der UdSSR kommt?

Radio Eriwan antwortet:

Im Prinzip ja. Die Röcke unserer Frauen gingen alle ein, als sie das erste Mal gewaschen wurden.

Frage an Radio Eriwan:
Lohnt es sich, einen fünf Jahre alten Fernsehapparat noch reparieren zu lassen?
Radio Eriwan antwortet:
Im Prinzip ja. Aber das Programm wird dadurch nicht besser.

Frage an Radio Eriwan:
Wir wollen in unserer Schule Schillers *Wilhelm Tell* aufführen – dürfen wir das?
Radio Eriwan antwortet:
Im Prinzip ja – aber woher wollt ihr den Apfel nehmen?

Frage an Radio Eriwan:
Hilft Läusepulver auch bei Wanzen?
Radio Eriwan antwortet:
Im Prinzip ja. Allerdings nur, wenn dieses Läusepulver auch bei Läusen hilft.

Frage an Radio Eriwan:

Gibt es in der Sowjetunion Reizwäsche zu kaufen?

Radio Eriwan antwortet:

Im Prinzip nein. Aber woher wissen Sie überhaupt, was Reizwäsche ist?

Frage an Radio Eriwan:

Kürzlich hatte ich einen seltsamen Traum. Ich sah mich ins Jahr 1980 versetzt. Auf dem Roten Platz in Moskau fand die traditionelle Maiparade statt. Aber während ich sonst bei dem langen Marsch immer schwer zu schleppen hatte, war diesmal alles ganz leicht. Wie erklären Sie sich das?

Radio Eriwan antwortet:

Wahrscheinlich trugen Sie statt der schweren Bilder unserer Sowjetführer leichte chinesische Papierdrachen ...

Frage an Radio Eriwan:

Stimmt es, daß wir fast unseren gesamten Kaviar exportieren?

Radio Eriwan antwortet:

Im Prinzip nein. Im Kreml gibt es genug davon.

Frage an Radio Eriwan:

Ich wollte mir an einem Kiosk eine Zeitung kaufen und verlangte das *Vaterland*. Die Verkäuferin sagte: »Das *Vaterland* ist ausverkauft.« – Dann wollte ich die *Freiheit* haben. Die Verkäuferin: »Die ist auch vergriffen.« Schließlich verlangte ich die *Gerechtigkeit*. Da meinte die Verkäuferin: »Die führen wir leider nicht.« Was soll ich nun machen?

Radio Eriwan antwortet:

Hätten Sie die *Arbeit* verlangt! Die wird bei uns gratis abgegeben.

Frage an Radio Eriwan:

Unser größter Wunsch ist es, uns ein Auto anzuschaffen. Zuerst hat meine Familie fünf Jahre lang nur die Hälfte gegessen, um Geld zu sparen. Dann konnten wir endlich die Anmeldeformulare ausfüllen. Zum Glück vergingen nur zwei Jahre, bis wir alle Stempel darauf hatten. Nach sechs weiteren Monaten erhielt ich dann die Bewilligung, mein Erspartes abheben zu dürfen, und ich konnte mich auf die Warteliste des Autoverkäufers eintragen lassen. Nun warte ich schon drei Jahre, ohne daß sich meine Aussichten auf Lieferung des Wagens auch nur im geringsten verbessert hätten. Was kann ich noch tun?

Radio Eriwan antwortet:

Im Prinzip nichts. Als guter Kommunist müßten Sie wissen, daß die Segnungen des Sozialismus erst unseren Kindern und Kindeskindern zugute kommen.

Frage an Radio Eriwan:

Bei uns in der Ukraine werden die Zugverspätungen zu einem immer größeren Ärgernis. Das Volk, das sich auf den Bahnhöfen drängt, beginnt bereits zu murren und zu schimpfen. Gibt es ein wirksames Mittel dagegen?

Radio Eriwan antwortet:

Im Prinzip ja. Es müssen mehr Wartesäle gebaut werden.

Frage an Radio Eriwan:

Ich habe Streit mit meinem Mann wegen unseres Hundes. Ich stehe auf dem Standpunkt, daß der Hund die Räude hat und erschossen werden muß, aber mein Mann ist nicht davon zu überzeugen. Können Sie uns sagen, wie man Räude sicher erkennt?

Radio Eriwan antwortet:

Am stumpfsinnigen, stieren Blick, an den tränenden Augen, an den kahlen Stellen am Kopf und an der hängenden Rute. Aber lassen Sie um Gottes willen nicht etwa Ihren Mann erschießen!

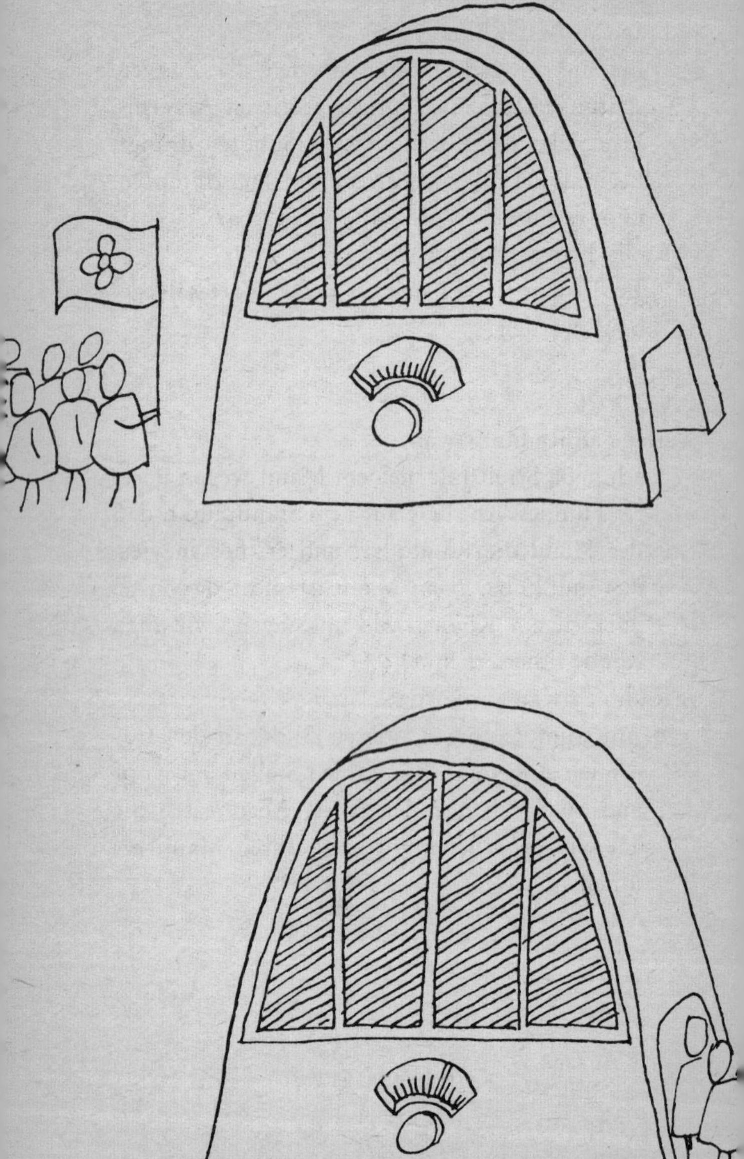

Frage an Radio Eriwan:

Gibt es in der Sowjetunion eine Benachteiligung bestimmter Volksgruppen?

Radio Eriwan antwortet:

Im Prinzip nein. Wir haben keine Neger.

Frage an Radio Eriwan:

Am Dach des Häuschens, das ich bewohne, sind seit langem die Dachziegel kaputt, und es regnet direkt in mein Schlafzimmer. Ich war schon zum zehntenmal bei der Produktionsgenossenschaft des Handwerks, um mich zu beschweren, weil ich keine neuen Dachziegel bekomme. Kann ich noch Hoffnung haben, unbesorgt schlafen zu können?

Radio Eriwan antwortet:

Im Prinzip ja. Für die nächste Zeit meldet der Wetterbericht keinen Regen.

Frage an Radio Eriwan:

Es ist unglaublich, wie rückständig einige Leute bei uns immer noch sind. Ich möchte gern ein Zimmer mieten, in dem ich auch meine Freundin empfangen kann, aber überall sagt man mir, weiblichen Besuch werde man nicht dulden. Gegen »Herrenbesuch« habe man dagegen nichts einzuwenden. Was soll ich tun?

Radio Eriwan antwortet:

Lassen Sie doch Ihre Freundin das Zimmer mieten.

Frage an Radio Eriwan:

Was soll ich tun – ich bin sechzig Jahre alt und habe Asthma?

Radio Eriwan antwortet:

Tun Sie nichts. Asthma in diesem Alter ist ein Geschenk des Himmels – jede junge Frau wird es für Leidenschaft halten.

Frage an Radio Eriwan:

War die Regierung des Zaren sehr viel schlechter als die unsrige heute?

Radio Eriwan antwortet:

Im Prinzip ja.

Zusatzfrage:

Und warum hielten es die Menschen unter dieser Regierung trotzdem aus?

Radio Eriwan antwortet:

Sie regierte weniger.

Frage an Radio Eriwan:

Stimmt es, daß bei der heutigen Waffentechnik der nächste Krieg ohne Menschen geführt werden kann?

Radio Eriwan antwortet:

Im Prinzip ja. Allerdings braucht man einige, die ihn anfangen.

Frage an Radio Eriwan:

Bei uns im Kaukasus tauchen in jüngster Zeit ganze Rudel hungriger Wölfe auf und bedrohen unsere Dörfer. Wir haben nun den Antrag gestellt, an unsere Bauern Gewehre mit scharfer Munition auszugeben, aber der Antrag wurde abgelehnt. Haben unsere verantwortlichen Funktionäre keine Angst vor den Wölfen?

Radio Eriwan antwortet:

Vor den Wölfen nicht. Aber vor den Waffen.

Frage an Radio Eriwan:

Kürzlich zeigte das sowjetische Fernsehen eine rührende Szene. Eine alte Babuschka kam nach Moskau, um Wiedersehen mit ihrem Sohn zu feiern, den sie seit vierzig Jahren nicht gesehen hatte. Obwohl viele Männer in entsprechendem Alter auf dem Bahnsteig standen, ging sie sofort auf den richtigen zu und begrüßte ihn stürmisch. Woran hat ihn das alte Mütterchen so schnell erkannt?

Radio Eriwan antwortet:

Wahrscheinlich an seinem Wintermantel.

Frage an Radio Eriwan:
Mein Nachbar behauptet, sein Hund sei ein Polizeihund. Ist das möglich, obwohl es sich um eine miese Promenadenmischung handelt?
Radio Eriwan antwortet:
Im Prinzip ja. Er könnte ein Hund der Geheimpolizei sein.

Frage an Radio Eriwan:
Schmeckt Wodka immer gleich?
Radio Eriwan antwortet:
Im Prinzip ja. Allerdings schrieb uns ein Genosse aus Paris, daß ihm der Wodka *dort* am besten geschmeckt habe.

Frage an Radio Eriwan:
Schwächt Wodka das Gedächtnis?
Radio Eriwan antwortet:
Im Prinzip nein. Wir wissen allerdings von Genossen, die im Suff vergessen haben, daß sie in der Sowjetunion leben.

Frage an Radio Eriwan:

Bin ich Alkoholiker, wenn ich pro Tag eine Flasche Wodka trinke?

Radio Eriwan antwortet:

Im Prinzip ja. Aber verraten Sie uns bitte die Quelle, wo Sie pro Tag eine Flasche Wodka bekommen können.

Frage an Radio Eriwan:

Kann man mit Wodka einer Schwangerschaft vorbeugen?

Radio Eriwan antwortet:

Im Prinzip nein – nur wenn Sie den Wodka statt Ihrer Frau als Wärmflasche benutzen.

Frage an Radio Eriwan:

Macht Wodka impotent?

Radio Eriwan antwortet:

Im Prinzip nein – außer Ihr Mann findet im Suff den Eingang nicht.

Frage an Radio Eriwan:
Macht Wodka dick?
Radio Eriwan antwortet:
Im Prinzip nein – außer wenn Ihr Mann im Suff nicht aufpaßt.

Frage an Radio Eriwan:
Macht Wodka dumm?
Radio Eriwan antwortet:
Nein, verdammt nochmal – oder wollen Sie behaupten, daß unsere politische Führung dumm ist?

Frage an Radio Eriwan:
Warum schließen unsere Kneipen schon so früh am Abend?
Radio Eriwan antwortet:
Unser Wodka ist so stark, daß ein tüchtiger Trinker rechtzeitig besoffen sein sollte.

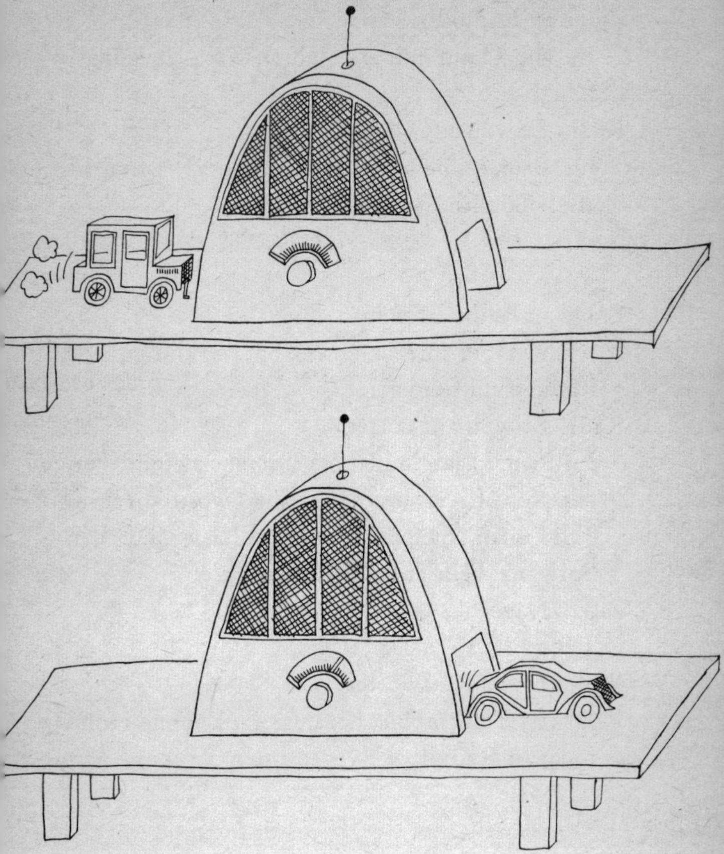

Frage an Radio Eriwan:

Ist ein Mann mit 75 Jahren noch zeugungsfähig?

Radio Eriwan antwortet:

Im Prinzip nein. Aber in *unserem Land* ist alles möglich.

Frage an Radio Eriwan:

Können Sie mir in einem Satz erklären, wie Radio funktioniert?

Radio Eriwan antwortet:

Im Prinzip ja. Stellen Sie sich einen Hund vor, der von Kiew bis nach Wladiwostok reicht. Tritt man diesem Hund in Kiew auf den Schwanz, bellt er in Wladiwostok.

Zusatzfrage:

Ja und ...?

Radio Eriwan antwortet:

Das ist Telegraphie. Und das ganze ohne Hund – das ist Radio!

Frage an Radio Eriwan:

Bei uns läuft zur Zeit ein Film, der mit dem höchsten Staatspreis prämiiert wurde. Das Kino ist ständig leer. Warum will niemand den Film sehen?

Radio Eriwan antwortet:

Vermutlich, weil er einen Staatspreis erhielt.

Frage an Radio Eriwan:

Wir haben eine neue Hochleistungsmaschine für Großschlächtereien bekommen. Sie soll angeblich die ganze Stadt mit Wurst versorgen können. Warum tut sie es nicht?

Radio Eriwan antwortet:

In der Bedienungsanleitung steht, was die Maschine produziere, sei Wurst.

Frage an Radio Eriwan:

In den Nachrichten brachten Sie kürzlich die Meldung, daß der Genosse Kossygin bei einem Besuch in Armenien in einen Fluß gefallen und fast ertrunken sei. In letzter Sekunde habe ihn ein einfacher Bauer unter Einsatz seines eigenen Lebens gerettet. Warum bringen Sie nicht den Namen dieses Helden?

Radio Eriwan antwortet:

Der Mann hat uns händeringend gebeten, seinen Namen zu verschweigen.

Frage an Radio Eriwan:

Sollten sowjetische Urlauber mehr Möglichkeiten haben, westliche Länder zu besuchen?

Radio Eriwan antwortet:

Im Prinzip ja. Aber wir können es uns nicht leisten, die Schiffe, Flugzeuge und Züge leer zurückkehren zu lassen.

Frage an Radio Eriwan:

Was könnte ich mir von einer Reise nach Paris als Souvenir mitbringen?

Radio Eriwan antwortet:

Wir könnten Ihnen einen guten Rat geben, der aber würde Ihre Frage nicht beantworten.

# Im Paradies der Arbeiter und Bauern

Frage an Radio Eriwan:

Ist die Sowjetunion das freieste Land der Erde?

Radio Eriwan antwortet:

Im Prinzip ja. Aber Vorsicht, viele wissen es noch nicht.

Frage an Radio Eriwan:

In unserer Kolchose kursiert das Gerücht, Stalin lebe noch. Stimmt das?

Radio Eriwan antwortet:

Im Prinzip ja.

Zusatzfrage:

Warum geben Sie keinen Kommentar?

Radio Eriwan antwortet:

Kommentar überflüssig.

Zweite Zusatzfrage:

Lebt er nun oder lebt er nicht?

Radio Eriwan antwortet:

Er lebt nicht – aber im Prinzip ja.

Frage an Radio Eriwan:

Wie war das eigentlich vor der Großen Sozialistischen Oktoberrevolution? Wie konnten die armen geknechteten Menschen bloß ihr schweres Schicksal ertragen?

Radio Eriwan antwortet:

Ganz einfach: Sie haben sich vorgestellt, wie es danach sein würde. Dann ging's wieder eine Weile.

Frage an Radio Eriwan:

Ich leite einen staatlichen Betrieb, der Seife, Zahnpasta und Schuhcreme herstellt. Nun beschweren sich aber täglich die Werktätigen unseres Bezirks über die schlechte Qualität der gelieferten Waren. Sehen Sie einen bequemen Weg, diese lästigen Beschwerden loszuwerden?

Radio Eriwan antwortet:

Im Prinzip ja. Sorgen Sie dafür, daß es diese Dinge eine Weile überhaupt nicht gibt.

Frage an Radio Eriwan:

Als ich einen hohen Funktionär aus der Industrie fragte, wie es im industriellen Bereich so gehe, antwortete er: »Danke, es geht alles den normalen, gewohnten Gang.« Auch ein hoher Funktionär aus der Landwirtschaft drückte es so ähnlich aus. »Ganz normal, wie gewohnt.« Was soll ich davon halten?

Radio Eriwan antwortet:

Die beiden Funktionäre haben die Lage zu pessimistisch beurteilt.

Frage an Radio Eriwan:

Wir wollen zum Jahrestag der Oktoberrevolution eine große Festschrift herausgeben. Wir brauchen dazu den Artikel eines namhaften sowjetischen Schriftstellers, der mitreißend die Befreiung vom zaristischen Joch und begeistert die sozialistischen Errungenschaften schildern kann. Das Honorar spielt keine Rolle. Können Sie uns einige unserer besten Schriftsteller dafür benennen?

Radio Eriwan antwortet:

Wir konnten leider in der Eile nicht erfahren, in welchen Gefängnissen sie sitzen.

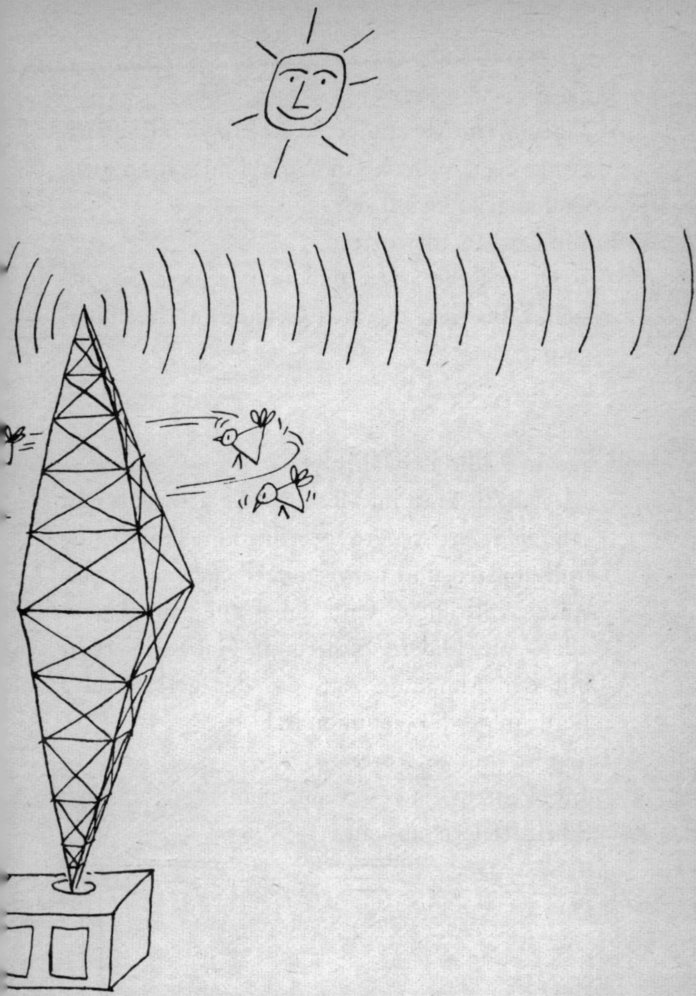

Frage an Radio Eriwan:

Warum ist Alexander Solschenizyn nicht ausgewandert, obwohl ihm die Emigration offiziell angeboten wurde?

Radio Eriwan antwortet:

Verstehen Sie jetzt, daß man andere Schriftsteller aus dem gleichen Grunde ins Irrenhaus gesperrt hat?

Frage an Radio Eriwan:

Ich war kürzlich im Moskauer Staatszirkus und sah eine Artistengruppe, die am Trapez die tollkühnsten und nervenaufreibendsten Kunststücke vollführte. Und dabei alles ohne Netz oder eine andere Sicherung! Habe ich recht mit der Annahme, daß das der gefährlichste Beruf in der Sowjetunion ist?

Radio Eriwan antwortet:

Im Prinzip ja – wenn man von unseren Schriftstellern absieht.

Frage an Radio Eriwan:

Ist der Fall denkbar, daß ein Passagierflugzeug auch einmal in die Sowjetunion entführt wird?

Radio Eriwan antwortet:

Im Prinzip ja. Aber von wem?

Frage an Radio Eriwan:

Wir haben einen Kindergarten, in dem von allen Wänden sozialistische Parolen leuchten: »Unser Glück verdanken wir dem Sozialismus« – »Die Sowjetunion ist das friedlichste Land der Erde« – »Wir opfern freudig für die Ziele des Kommunismus« und so weiter.

Die Kinder, die hier ihre Tage verbringen, machen einen äußerst glücklichen Eindruck. Ist das nicht der Beweis für die Wirksamkeit unserer Parolen?

Radio Eriwan antwortet:

Im Prinzip ja. Aber warten Sie doch erst mal ab, bis die Kinder lesen können.

Frage an Radio Eriwan:

Was ist der Unterschied zwischen Christentum und Kommunismus?

Radio Eriwan antwortet:

Das Christentum predigt die Armut, der Kommunismus verwirklicht sie.

Frage an Radio Eriwan:

Was ist eigentlich das verwerflichste und teuflichste am kapitalistischen Wirtschaftssystem?

Radio Eriwan antwortet:

Daß es für unsere Planwirtschaft so unentbehrlich ist.

Frage an Radio Eriwan:

Warum spricht man so oft vom »ewig jungen« Kommunismus?

Radio Eriwan antwortet:

Weil er über fünfzig Jahre alt ist und noch immer in den Kinderschuhen steckt.

Frage an Radio Eriwan:

Früher träumten bei uns viele Menschen vom Kommunismus. Was machen sie heute?

Radio Eriwan antwortet:

Sie träumen immer noch.

Frage an Radio Eriwan:

Werden meine Enkel den Durchbruch des Sozialismus erleben?

Radio Eriwan antwortet:

Im Prinzip ja. Sofern Sie noch keine Kinder haben.

Frage an Radio Eriwan:

Warum kommen nicht alle Arbeiter der Welt zu uns, wenn die Sowjetunion das Paradies der Werktätigen ist?

Radio Eriwan antwortet:

Aus diesem Paradies kann keiner wieder vertrieben werden.

Frage an Radio Eriwan:
Ich wüßte einen absolut sicheren Weg, illegal in den Westen zu gelangen. Soll ich es tun?
Radio Eriwan antwortet:
Geben Sie uns den Tip. Wir werden Ihnen diese Frage dann aus dem Westen beantworten.

Frage an Radio Eriwan:
Worin unterscheiden sich die Fehler des Sozialismus von den Fehlern des Kapitalismus?
Radio Eriwan antwortet:
Ganz einfach. Der Kapitalismus macht soziale Fehler, der Sozialismus macht kapitale Fehler.

Frage an Radio Eriwan:
Gilt der wissenschaftliche Marxismus auch für den Mond?
Radio Eriwan antwortet:
Nur!

Frage an Radio Eriwan:
Kann man den Unterschied zwischen Demokratie und Volksdemokratie erklären?
Radio Eriwan antwortet:
Im Prinzip ja. Wie zwischen Jacke und Zwangsjacke.

Frage an Radio Eriwan:
Was ist das beste am Kommunismus?
Radio Eriwan antwortet:
Daß ihn die Deutschen in der DDR auch haben.

Frage an Radio Eriwan:

Stimmt es, was in ausländischen Sendern immer wieder behauptet wird, daß unser sozialistisches System viele Schattenseiten hat?

Radio Eriwan antwortet:

Im Prinzip ja. Schon der deutsche Dichter Johann Wolfgang von Goethe sagte im *Götz von Berlichingen:* »Wo viel Licht ist, ist auch viel Schatten.«

Frage an Radio Eriwan:

Es wird immer wieder behauptet, die sowjetische Landwirtschaft sei die beste der Welt, denn sie bringe vier Ernten ein. Stimmt das?

Radio Eriwan antwortet:

Im Prinzip ja. Eine Ernte stammt aus Rußland, eine aus Polen, eine aus Ungarn und eine aus der Tschechoslowakei.

Frage an Radio Eriwan:

Stimmt es, daß schwache Regime die härtesten Strafen haben?

Radio Eriwan antwortet:

Im Prinzip ja. Aber so hoch sind doch bei uns die Strafen gar nicht.

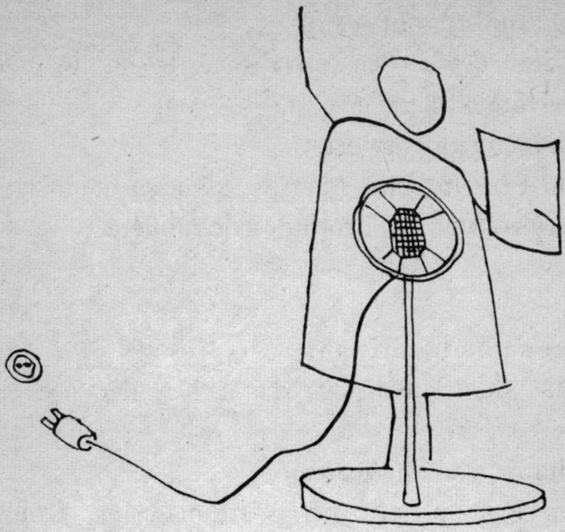

Frage an Radio Eriwan:

Gefährdet es den Sozialismus, wenn ich eine private Bäckerei eröffne?

Radio Eriwan antwortet:

Im Prinzip nein. Aber Sie könnten damit unsere volkseigene Brotindustrie ruinieren.

Frage an Radio Eriwan:

Hat der Sozialismus das Leben der Frauen verbessert?

Radio Eriwan antwortet:

Im Prinzip ja. Aber Waschmaschine, Kühlschrank und Staubsauger noch mehr.

Frage an Radio Eriwan:

Warum gibt es in unseren Wahllokalen mehrere Wahlkabinen?

Radio Eriwan antwortet:

Damit der Wähler wenigstens zwischen zwei Kabinen wählen kann.

Frage an Radio Eriwan:

Warum ist Swetlana Stalin Amerikanerin geworden?

Radio Eriwan antwortet:

Weil sie nicht schon als Amerikanerin geboren wurde.

Frage an Radio Eriwan:

Seit zehn Jahren bemühe ich mich um eine eigene Wohnung. Ist es nicht eine Schweinerei, daß ich immer noch warten muß?

Radio Eriwan antwortet:

Im Prinzip ja. Aber wenn Sie weiter solche Fragen an uns stellen, werden Sie bald eine Unterkunft finden.

Frage an Radio Eriwan:

In Eriwan soll es ein altes Schloß geben, in dem seit ewigen Zeiten nichts erneuert wurde. Mauern, Türen, Fenster und sogar die Fußbodenbretter sollen noch dem originalen Urzustand entsprechen. Stimmt das?

Radio Eriwan antwortet:

Im Prinzip ja. Wir möchten aber darauf hinweisen, daß der geschilderte Zustand nicht nur für das Schloß zutrifft, sondern für alle Häuser, die unter sozialistischer Verwaltung stehen.

Frage an Radio Eriwan:

Im Moskauer Fernsehen wurde letzte Woche ein interessantes Experiment gezeigt. Man führte den neuesten sowjetischen Computer vor, der in Sekundenschnelle jede Frage absolut sicher beantworten soll. Kossygin befragte das Elektronengehirn als erster: »Wie wird es in zwanzig Jahren in den USA aussehen?« Der Computer antwortete: »Amerika ist ein sozialistisches Land!« – Die zweite Frage lautete: »Wie sieht es in zwanzig Jahren in der Sowjetunion aus?« Die Antwort wurde aber nicht bekanntgegeben, weil Kossygin den Zettel schnell verschwinden ließ. Kann Radio Eriwan mir sagen, was darauf stand?

Radio Eriwan antwortet:

Leider konnten wir die Antwort auch nicht lesen. Es waren lauter chinesische Schriftzeichen.

Frage an Radio Eriwan:

Mein Mann hat neulich in einer Versammlung gesagt, unsere Kinder hätten es mal besser als wir. Daraufhin wurde er von einem Beamten des Staatssicherheitsdienstes verhaftet. Geht das noch mit rechten Dingen zu?

Radio Eriwan antwortet:

Im Prinzip ja. Ihr Mann hätte nicht so deutlich auf das Ende des kommunistischen Systems hinweisen dürfen.

Frage an Radio Eriwan:

Kürzlich schrieb ich einen Brief an einen ausländischen Freund. Ich schrieb darin: »Hoffentlich läßt unsere Zensur den Brief unbeanstandet passieren.« Nach einigen Tagen kam der Brief zurück mit dem Vermerk: »Unzustellbar wegen Verleumdung.« Wie ist das möglich?

Radio Eriwan antwortet:

Da es in unserem Land keine Zensur gibt, dürfen wir leider nicht näher auf Ihre Frage eingehen.

Frage an Radio Eriwan:

Welche Schritte soll man unternehmen, wenn man merkt, daß man von Beamten des Staatssicherheitsdienstes beschattet wird?

Radio Eriwan antwortet:

Möglichst große und schnelle.

Frage an Radio Eriwan:

Kann ein echter Kapitalist mit dem Sozialismus sympathisieren?

Radio Eriwan antwortet:

Im Prinzip ja. Aber dann ist er kein echter Kapitalist.

Frage an Radio Eriwan:

Warum werden über den Sozialismus so viele Witze gemacht:

Radio Eriwan antwortet:

Weil ihn – trotz allem – niemand ernsthaft widerlegen kann.

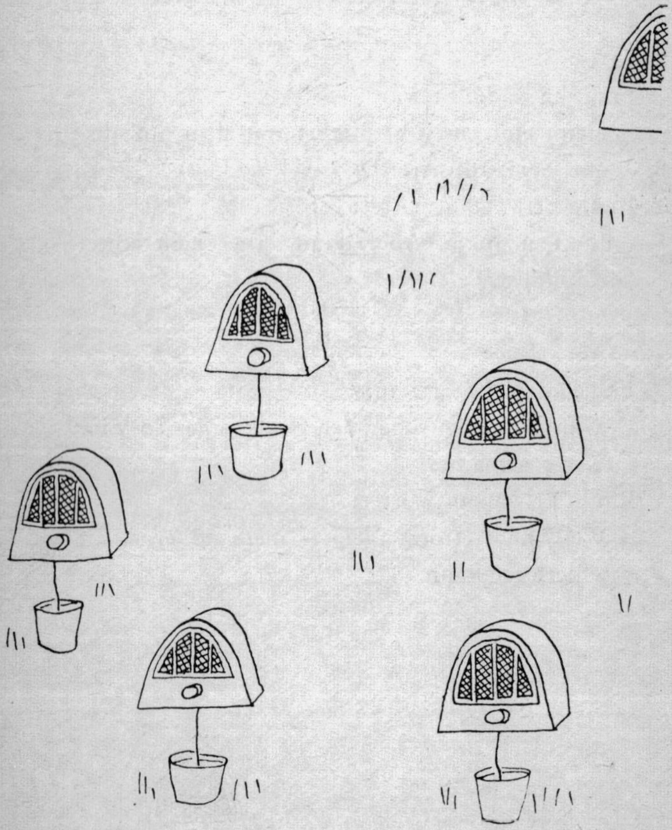

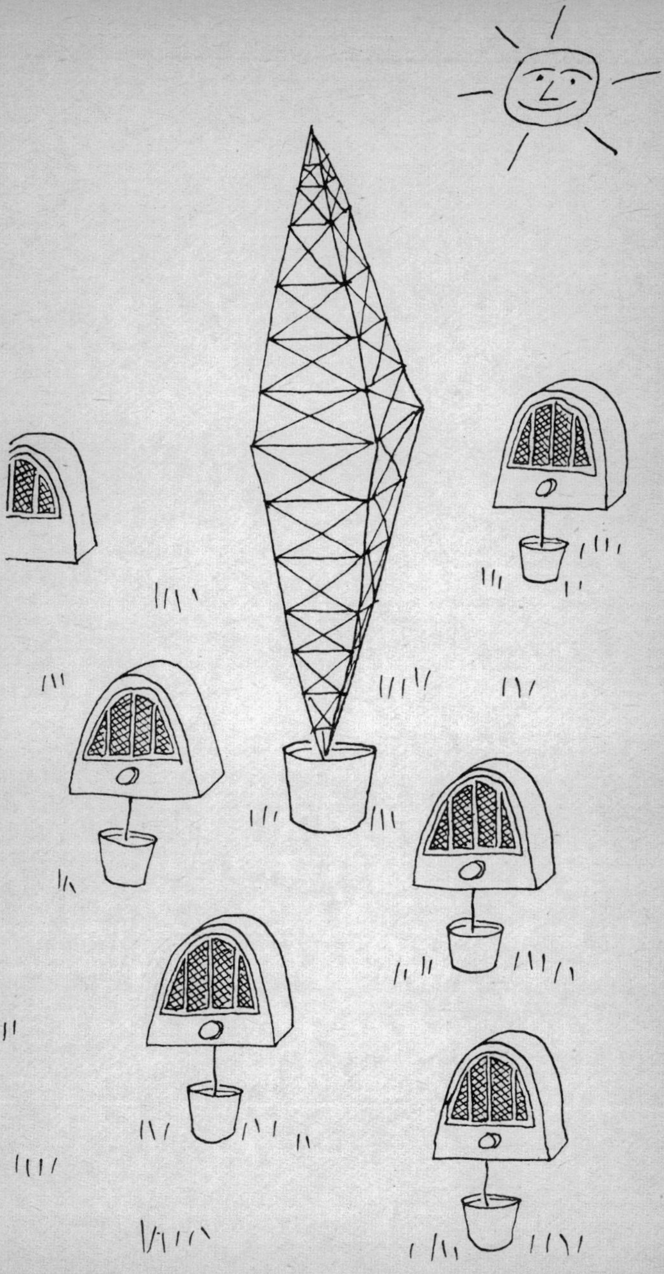

# Die Kurven der Parteilinie

Frage an Radio Eriwan:

Muß ich mit meiner Frau noch zusammen schlafen, obwohl sie von der Parteilinie abweicht?

Radio Eriwan antwortet:

Im Prinzip ja. In dieser Frage hat die Partei keine Linie.

Frage an Radio Eriwan:

Warum gibt es bei uns nur eine Partei?

Radio Eriwan antwortet:

Genügt Ihnen denn nicht die eine?

Frage an Radio Eriwan:

Die KPdSU ist eine alte Partei. Müßte sie sich nicht auch einmal erneuern?

Radio Eriwan antwortet:

Wieso? Sie hat mit den alten Bolschewiki doch ohnehin nichts mehr gemeinsam.

Frage an Radio Eriwan:

Ich habe mir vorgenommen, in Zukunft aktiv für den Frieden zu kämpfen und tatkräftig für den Wohlstand und das Glück der Werktätigen einzutreten. Außerdem habe ich jetzt den Entschluß gefaßt, Mitglied der Kommunistischen Partei zu werden. Ist das nicht lobenswert?

Radio Eriwan antwortet:

Im Prinzip ja. Aber Sie müssen sich für eins von beiden entscheiden.

Frage an Radio Eriwan:

Auch der große Lenin war manchmal verzweifelt. In einer bitteren Stunde soll er einmal gesagt haben, es wäre besser gewesen, wenn er in der Schweiz geblieben wäre. Stimmt das?

Radio Eriwan antwortet:

Im Prinzip ja. Der Genosse Lenin hatte immer recht.

Frage an Radio Eriwan:

Stimmt es, daß in den älteren Teilen des Kreml öfter die Geister von Verstorbenen auftauchen?

Radio Eriwan antwortet:

Im Prinzip ja. Stalin ist neuerdings oft zu Gast.

Frage an Radio Eriwan:

Ein Genosse behauptet; Stalin sei an einem hohen sowjetischen Feiertag gestorben. Welcher Feiertag soll das sein?

Radio Eriwan antwortet:

Stalins Todestag.

Frage an Radio Eriwan:

Als Chruschtschow das Erbe Stalins angetreten hatte, soll er zwei Briefe mit Ratschlägen seines Vorgängers vorgefunden haben. Die Briefe dürften, so hieß es, nur geöffnet werden, wenn für den führenden Genossen Gefahr drohe. Als nun Chruschtschows Macht zum erstenmal gefährdet war und er den ersten Brief öffnete, erfuhr man, was darin stand: »Gib nicht nach! Nimm alle deine Kräfte zusammen und kämpfe wie ein Löwe! Stirb lieber als zu weichen!« Was aber stand in dem zweiten Brief?

Radio Eriwan antwortet:

Wir haben uns erkundigt. Als Chruschtschows Macht abermals gefährdet war, öffnete er den zweiten Brief Stalins. In ihm stand: »Schreib sofort zwei Briefe!«

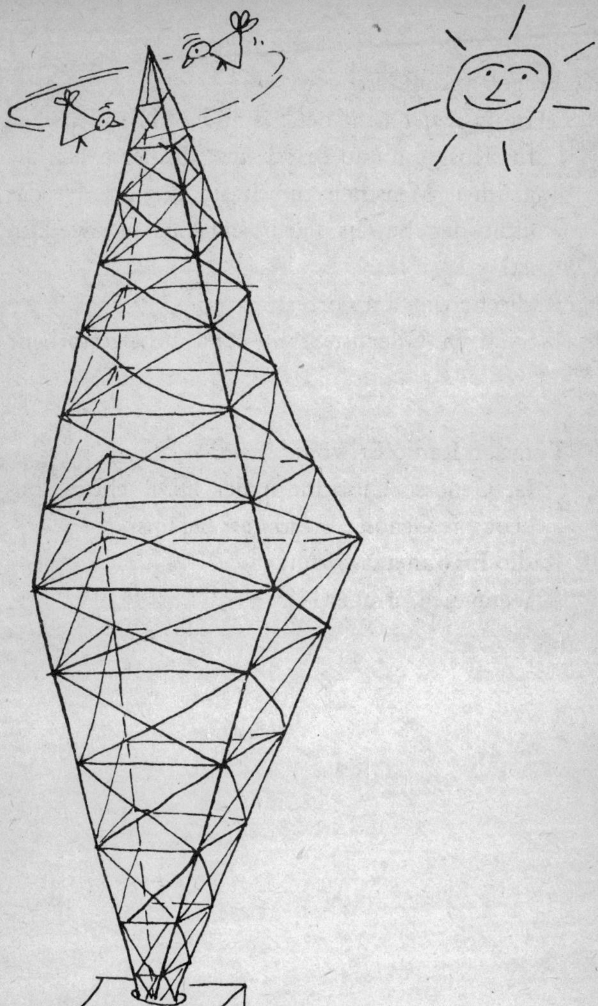

Frage an Radio Eriwan:

In unserer Kirche beten ständig viele Menschen für Kossygin und Breschnew. Früher haben die gleichen Menschen für Stalin gebetet. Ist das nicht der Beweis dafür, daß beten zwecklos ist?

Radio Eriwan antwortet:

Sie irren. Oder ist Stalin etwa nicht gestorben?

Frage an Radio Eriwan:

Ist Genosse Ulbricht in der DDR ebenso beliebt wie Genosse Breschnew bei uns?

Radio Eriwan antwortet:

Wenn Sie so fragen – ja.

Frage an Radio Eriwan:

Parteichef Breschnew und der Clown Popow vom Moskauer Staatszirkus haben den gleichen Orden erhalten. Haben beide so viel gemeinsam?

Radio Eriwan antwortet:

Im Prinzip ja. Es gibt nur einen kleinen Unterschied: Popow ist ein kluger Kopf, sucht jedoch den Anschein zu erwecken, blöd zu sein. Breschnew aber ist der erste Funktionär unserer Partei.

Frage an Radio Eriwan:

Kann intensive Arbeit für die Partei zu Potenzstörungen führen?

Radio Eriwan antwortet:

Im Prinzip nein, denn intensive Parteiarbeit schließt alles andere aus, so daß sich gar nicht feststellen läßt, ob eine Störung der Potenz eingetreten ist.

Frage an Radio Eriwan:

Ich bin armenischer Kolchosbauer und wurde von einem Parteiwerber aufgefordert, tausend Rubel als Staatsanleihe zu zeichnen. Er selbst bürge für die Sicherheit des Geldes. »Wie aber, Genosse«, sagte ich, »wenn dir etwas zustößt?« – »Dann bürgt natürlich die Partei«, erwiderte er. Damit gab ich mich zunächst zufrieden. Seit einiger Zeit aber frage ich mich, was geschieht, wenn der Partei etwas zustößt?

Radio Eriwan antwortet:

Das sollte Ihnen doch die tausend Rubel wert sein.

# Die neue Moral

Frage an Radio Eriwan:

Ich bin Kleptomane und klaue am liebsten Klaviere. Kann man was dagegen machen?

Radio Eriwan antwortet:

Im Prinzip nein. Aber klauen Sie doch nützlichere Dinge.

Frage an Radio Eriwan:

Kann man als guter Kommunist auch ein guter Christ sein?

Radio Eriwan antwortet:

Im Prinzip ja, aber warum wollen Sie sich das Leben doppelt schwer machen?

Frage an Radio Eriwan:

Ich bin homosexuell. Kann ich etwas dagegen tun?

Radio Eriwan antwortet:

Im Prinzip nein. Aber versuchen Sie der Sowjetunion den Rücken zu kehren.

Frage an Radio Eriwan:

Wir haben einen Techniker als Untermieter, der dauernd meiner Frau nachstellt. Kann ich etwas dagegen tun?

Radio Eriwan antwortet:

Verbessern Sie Ihre Technik.

Frage an Radio Eriwan:

Was ist gefährlicher für ein junges Mädchen: Sex oder Rauchen?

Radio Eriwan antwortet:

Rauchen. Denn Tabak läßt sich leichter beschaffen.

Frage an Radio Eriwan:

Ich bin achtzehn Jahre alt und habe einen älteren Herrn kennengelernt, der mich heiraten möchte. Er sagt, ich hätte es gut bei ihm. Soll ich ihm das glauben?

Radio Eriwan antwortet:

Im Prinzip ja. Sie werden es gewiß gut bei ihm haben – nur wahrscheinlich selten.

Frage an Radio Eriwan:

Verstößt es gegen die sozialistische Moral, Anhänger der Nacktkultur zu sein?

Radio Eriwan antwortet:

Im Prinzip ja. Außer, wenn Sie unsere Textilproduktion entlasten wollen.

Frage an Radio Eriwan:

Warum gibt es bei uns nicht die Antibabypille?

Radio Eriwan antwortet:

Weil wir keinen Papst haben, der sie uns verbieten könnte.

Frage an Radio Eriwan:

Wir schlafen mit unseren drei Kindern in einem Zimmer. Wird dadurch die Sittlichkeit gefährdet?

Radio Eriwan antwortet:

Im Prinzip nein – wenn Sie wirklich schlafen.

Frage an Radio Eriwan:

Darf ich einen Amerikaner heiraten?

Radio Eriwan antwortet:

Im Prinzip ja. Aber mit welcher List wollen Sie ihn in die Sowjetunion locken?

Frage an Radio Eriwan:

Warum ist bei uns die Prostitution verboten?

Radio Eriwan antwortet:

Warum sollte bei uns ausgerechnet die Liebe frei sein?

Frage an Radio Eriwan:

Im Fernsehen sah ich neulich einen Film aus einem exotischen Land, in dem die Frauen, wenn sie Nachkommenschaft bekommen wollen, vor einem riesigen Phallus-Symbol beten. Gibt es so etwas auch bei uns?

Radio Eriwan antwortet:

Im Prinzip nein. Bei uns nehmen die Frauen das selbst in die Hand.

Frage an Radio Eriwan:

Kann ich mir aus Dänemark pornographische Schriften kommen lassen.

Radio Eriwan antwortet:

Im Prinzip nein. Sie sollten wissen, daß die Veröffentlichung nackter Tatsachen in der Sowjetunion verboten ist.

Frage an Radio Eriwan:

Mein Mann hat mir westliche Sex-Unterwäsche besorgt. Ich frage mich, warum? Die sieht doch keiner!

Radio Eriwan antwortet:

Haben Sie abends ständig Stromsperre?

Frage an Radio Eriwan:

In unserer Sowchose bewerben sich drei Genossen um meine Hand, aber jeder der drei hat ein Laster, das mich stört. Pawel betrinkt sich ständig mit Wodka, Jurij raucht unmäßig und frönt in der karg bemessenen Freizeit nur seiner Spielleidenschaft und Iwan, der dritte, denkt Tag und Nacht nur an sexuelle Perversitäten. Da es hier sonst keine ledigen Männer gibt, muß ich wohl einen der drei nehmen. Zu welchem raten Sie mir?

Radio Eriwan antwortet:

Wir raten zu Iwan. Die Laster der ersten beiden verstärken sich erfahrungsgemäß mit zunehmendem Alter. Bei Iwans Leidenschaft aber ist es genau umgekehrt.

Frage an Radio Eriwan:

Stimmt es, daß man bei Wodka eine unglückliche Liebe vergessen kann?

Radio Eriwan antwortet:

Im Prinzip ja. Wer aber den Wodka mehr liebt als die Frauen, erlebt gar nicht erst eine unglückliche Liebe.

Frage an Radio Eriwan:

Ich bin siebzehn Jahre alt und Komsomolzin. Kürzlich kam ich erst nach Mitternacht nach Hause, und meine Eltern waren sehr böse. Habe ich etwas Unrechtes getan?

Radio Eriwan antwortet:

Versuchen Sie, sich zu erinnern.

Frage an Radio Eriwan:

Ich habe eines der westlichen Aufklärungsbücher in die Hand bekommen und stoße immer wieder auf so unverständliche Worte wie »Cunnilingus« und »Fellatio«. Kann mir Radio Eriwan erklären, was das ist?

Radio Eriwan antwortet:

Im Prinzip ja. Aber nur mündlich.

Frage an Radio Eriwan:

Mein Mann mag nicht, wenn ich schwarze Wäsche trage. Er meint, das sei eine Schweinerei. Was soll ich tun?

Radio Eriwan antwortet:

Öfter waschen.

Frage an Radio Eriwan:

Als ich heute von der Arbeit nach Hause kam, überraschte ich meine Frau mit einem fremden Mann im Bett. Es war eine äußerst peinliche Situation. Was kann ich tun, damit so etwas nicht wieder passiert?

Radio Eriwan antwortet:

Machen Sie mehr Überstunden.

Frage an Radio Eriwan:

Meine Frau scheint mir noch unter dem Einfluß unseres Popen zu stehen. Stets, wenn ich nachts zu ihr kommen will, sagt sie: »Ach, du lieber Gott!« Ist das nicht eine gewisse Schwäche?

Radio Eriwan antwortet:

Die Schwäche scheint in diesem Fall bei Ihnen zu liegen.

Frage an Radio Eriwan:

Seit sich mein Mann einen Hund angeschafft hat, sieht er mich kaum noch an. Ist das ein Scheidungsgrund?

Radio Eriwan antwortet:

Im Prinzip ja. Aber schicken Sie uns zunächst einmal ein Foto von sich.

Frage eines alten Mütterchens an Radio Eriwan:

Wenn Petrus mich abweisen würde und ich, was Gott verhüten möge, in die Hölle käme, ist es dann besser, in die kommunistische oder in die kapitalistische zu gehen?

Radio Eriwan antwortet:

Im Prinzip gibt es keine Hölle. Und schon gar keine kommunistische. Sollte es aber dennoch eine Hölle geben, dann möchten wir Ihnen dringend empfehlen, die kommunistische zu wählen – bestimmt funktioniert da die Heizung nicht.

Frage an Radio Eriwan:

Darf man bei uns noch »Jesus, hilf!« sagen?

Radio Eriwan antwortet:

Gott bewahre!

Frage an Radio Eriwan:

In Kiew fand heute ein großer Prozeß statt. Nach der Verhandlung sah ich den Richter lauthals lachend aus dem Saal kommen. Auf dem Flur sagte er zu einem Kollegen, er habe heute den besten Witz seines Lebens gehört. Kann Radio Eriwan feststellen, um welchen Witz es sich handelte?

Radio Eriwan antwortet:

Wir haben uns bei dem betreffenden Richter erkundigt. Er sagte, er könne den Witz unmöglich erzählen. Er habe deswegen den Angeklagten zu drei Jahren Gefängnis verurteilt.

Frage an Radio Eriwan:

Ich hörte neulich, daß ein Mann wegen nichts zu fünfundzwanzig Jahren Arbeitslager verurteilt wurde. Ist das Gerechtigkeit?

Radio Eriwan antwortet:

Im Prinzip ja. Denn bei uns kann man wegen nichts zwar zu zehn oder zwanzig Jahren verurteilt werden. Aber bei fünfundzwanzig Jahren *muß* der Mann etwas angestellt haben.

Frage an Radio Eriwan:

Darf man bei uns sagen, was man denkt?

Radio Eriwan antwortet:

Im Prinzip ja. Sagen dürfen Sie – aber nicht denken.

# Freunde und Feinde

Frage an Radio Eriwan:

Ungarn soll sich zur Zeit in einer Krise befinden. Welches wäre der kürzeste Weg, der aus den Schwierigkeiten des Landes führt?

Radio Eriwan antwortet:

Die Autobahn Budapest–Wien.

Frage an Radio Eriwan:

Ich schreibe heimlich aus Albanien. Obwohl Enver Hodscha uns goldene Zeiten versprochen hat, haben wir es sehr schwer. Tagsüber hart arbeiten, das strengt die Arme an. Nachmittags marschieren, das strengt die Beine an. Und abends politischen Unterricht, das strengt den Kopf an. Was sollen wir nur tun?

Radio Eriwan antwortet:

Es gleicht sich alles aus. Denn dafür hat bei euch der Magen Tag und Nacht seine Ruhe.

Frage an Radio Eriwan:

Nach einer Kosmonautentagung, bei der das neue Satellitenprogramm der UdSSR besprochen wurde, hörte ich, wie Breschnew leise zu Kossygin sagte: »Alles ganz schön und gut, aber mich interessiert im Augenblick nur ein einziger Satellit, den ich wirklich besitzen möchte.« Welchen Satelliten kann er damit gemeint haben?

Radio Eriwan antwortet:

Rumänien.

Frage an Radio Eriwan:

Die Staaten des Warschauer Paktes schicken jetzt ständig Verhandlungspartner nach Moskau, die kein Wort russisch sprechen können. Ist das taktisch klug?

Radio Eriwan antwortet:

Im Prinzip nein. Aber die Verhandlungspartner haben in Moskau ohnehin nichts zu sagen.

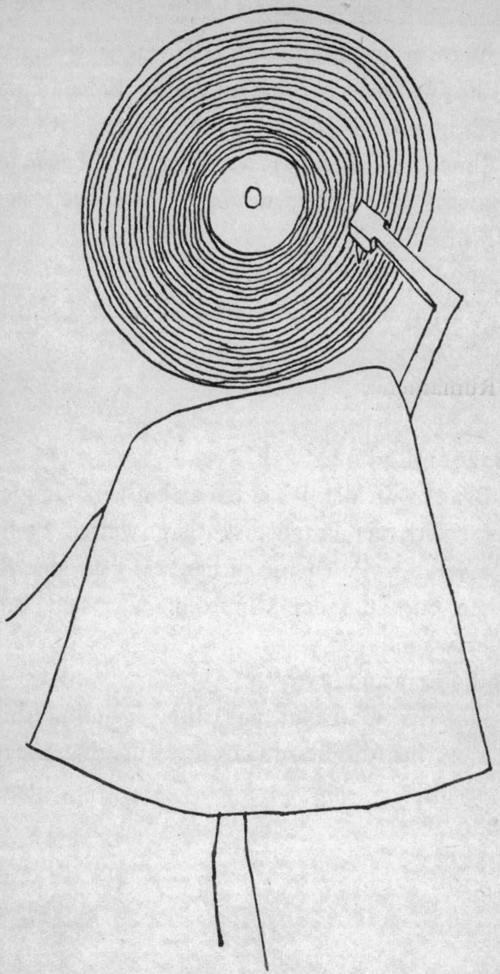

Frage an Radio Eriwan:

Warum berichtet Radio Eriwan so wenig über die wahren Hintergründe in Polen, in der Tschechoslowakei und Rumänien? Ich wäre Ihnen sehr dankbar, wenn Sie diese Beschwerde gleich an die zuständige Stelle weiterleiten würden.

Radio Eriwan antwortet:

Warum wollen Sie die Geheimpolizei einschalten?

Frage an Radio Eriwan:

Bei uns an der Warschauer Universität wurde kürzlich die Frage diskutiert, wessen Freundschaft für Polen nützlicher sei – die der Russen oder die der Chinesen. Was sagt Radio Eriwan dazu?

Radio Eriwan antwortet:

Die der Chinesen natürlich. Distanz ist bekanntlich die beste Garantie für gute Freundschaft.

Frage an Radio Eriwan:
Stimmt es, daß die Bürger der DDR in keinem anderen Land wohnen möchten?
Radio Eriwan antwortet:
Im Prinzip ja, denn die Bundesrepublik Deutschland ist kein anderes Land.

Frage an Radio Eriwan:
Was halten Sie von der DDR?
Radio Eriwan antwortet:
Dasselbe wie Sie.

Frage an Radio Eriwan:
Müssen wir die Deutschen heute noch fürchten?
Radio Eriwan antwortet:
Welche Deutschen? Mit der Bundesrepublik haben wir keine gemeinsame Grenze.

Frage an Radio Eriwan:

Die Hälfte aller westdeutschen Bundesbürger soll in bezug auf die ehemaligen »Ostgebiete« revanchistische Gedanken hegen. Stimmt das?

Radio Eriwan antwortet:

Im Prinzip nein. Die Hälfte aller westdeutschen Bürger sind *keine* Revanchisten!

Frage eines westdeutschen Kommunisten an Radio Eriwan:

Darf ich als guter Kommunist Kleinaktionär beim Volkswagenwerk sein?

Radio Eriwan antwortet:

Im Prinzip nein. Aber Sie können uns Ihre Aktien gern überlassen.

Frage an Radio Eriwan:

Stimmt es, daß viele Arbeiter in Westdeutschland ein eigenes Auto besitzen?

Radio Eriwan antwortet:

Im Prinzip ja – aber bedenken Sie, daß der westdeutsche Arbeiter mit seinem Auto von den Kapitalisten, die es bauen, unterdrückt wird.

Frage an Radio Eriwan:

Ich habe gehört, daß in Westdeutschland noch viele Menschen an Geister glauben. Stimmt das?

Radio Eriwan antwortet:

Im Prinzip ja. Der Geist Hitlers zum Beispiel spukt noch in vielen Köpfen.

Frage an Radio Eriwan:

Gibt es noch Nazis in der DDR?

Radio Eriwan antwortet:

Im Prinzip nein. Die meisten konnten sich rechtzeitig vor Errichten der Mauer nach Westdeutschland absetzen.

Frage eines westdeutschen Kapitalisten an Radio Eriwan:

Müßte ich für mein Leben fürchten, wenn die Staaten des Warschauer Paktes die Bundesrepublik besetzen würden?

Radio Eriwan antwortet:

Im Prinzip nein. Aber für Ihr Geld.

Zusatzfrage:

Aber wenn ich mein Geld mehr liebe als mein Leben?

Radio Eriwan antwortet:

Das haben wir schon berücksichtigt.

Frage an Radio Eriwan:

Gibt es Beweise dafür, daß Hitler wirklich tot ist?

Radio Eriwan antwortet:

Im Prinzip ja. Es fehlen aber alle Beweise dafür, daß er endgültig begraben ist.

Frage an Radio Eriwan:

Müssen wir uns wegen der Neonazis in Westdeutschland Sorgen machen?

Radio Eriwan antwortet:

Im Prinzip ja. Aber noch mehr wegen der übrigen Deutschen, die sich keine machen.

Frage an Radio Eriwan:

Was unterscheidet die früheren Nazis von den jungen Mitgliedern der NPD?

Radio Eriwan antwortet:

Das Geburtsdatum.

Frage an Radio Eriwan:

Haben die Westdeutschen in den letzten beiden Jahrzehnten an politischem Verstand zugenommen?

Radio Eriwan antwortet:

Im Prinzip ja. Aber auch an Körpergewicht, so daß das Verhältnis gleich blieb.

Frage an Radio Eriwan:

Gibt es echte Chancen einer Versöhnung mit den Deutschen?

Radio Eriwan antwortet:

Ja. Es sieht so aus, als hätten sie uns ihren Überfall auf die Sowjetunion verziehen.

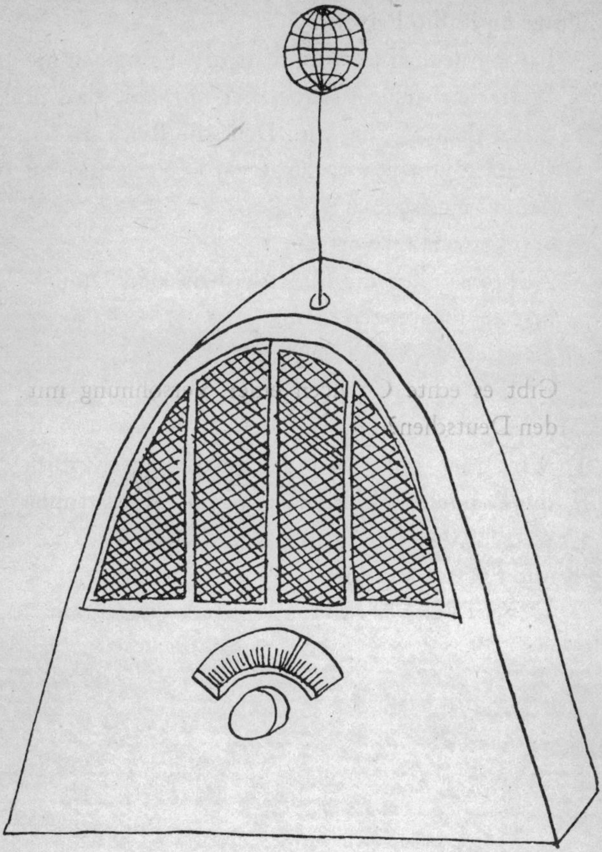

Frage an Radio Eriwan:

Ich sah neulich im westdeutschen Fernsehen die Wettervorhersage. Dabei fiel mir auf, daß in dieser Sendung das alte Deutsche Reich in den Grenzen von 1937 gezeigt wird. Was will man damit beweisen?

Radio Eriwan antwortet:

Wahrscheinlich die alte Weisheit, daß Dummheit keine Grenzen kennt.

Frage an Radio Eriwan:

Wird der Bonner Alleinvertretungsanspruch die Bundesrepublik nicht in eine Katastrophe treiben?

Radio Eriwan antwortet:

Das hat Bonn wirklich allein zu vertreten.

Frage an Radio Eriwan:

Ich habe gehört, die auf Hiroshima abgeworfene Atombombe habe *vor* der Zündung aus zwei Hälften bestanden, die, für sich allein, bei weitem nicht so gefährlich gewesen seien. Wie soll ich das verstehen?

Radio Eriwan antwortet:

Das ist doch einfach. Denken Sie an die beiden deutschen Staaten.

Frage an Radio Eriwan:

Könnten Sie mir das Jahr nennen, in dem eine Wiedervereinigung der beiden deutschen Staaten wünschenswert wäre?

Radio Eriwan antwortet:

Wir könnten. Aber bis dahin gibt es ohnehin nur noch Chinesen.

Frage an Radio Eriwan:

Bereitet die Bundesrepublik Deutschland einen dritten Weltkrieg vor?

Radio Eriwan antwortet:

Im Prinzip nein. Allenfalls den vierten oder fünften. Den dritten bereitet die chinesische Renegatenclique vor.

Frage an Radio Eriwan:

Laufen in der Bundesrepublik Deutschland Kriegsverbrecher frei herum?

Radio Eriwan antwortet:

Im Prinzip ja. Viele amerikanische Soldaten werden nach ihrem Einsatz in Vietnam in die Bundesrepublik verlegt.

Frage an Radio Eriwan:

Ist die Regierung der Sowjetunion gegen die Freilassung von Rudolf Heß?

Radio Eriwan antwortet:

Im Prinzip ja. Er war der erste Flugzeugentführer. Seine Freilassung könnte potentielle Täter dieser Gattung zu ähnlichen Verbrechen animieren.

Frage an Radio Eriwan:

Hat Wernher von Braun, der heute für die NASA tätig ist, nicht früher an hervorragender Stelle für die Nazis gearbeitet?

Radio Eriwan antwortet:

Im Prinzip ja. Aber Wernher von Braun war politisch schon damals hinter dem Mond.

Frage an Radio Eriwan:

Stimmt es, daß die Sowjetunion an den Staat Israel laufend geheimes Kriegsmaterial, moderne sowjetische Waffen und neueste Radargeräte liefert?

Radio Eriwan antwortet:

Im Prinzip ja. Allerdings findet die Lieferung über Ägypten statt.

Frage an Radio Eriwan:

Wie kann es die Sowjetunion verhindern, daß immer wieder die neuesten sowjetischen Waffen in die Hände der Israeli fallen?

Radio Eriwan antwortet:

Indem die Sowjetunion an Ägypten nur noch Ausschußware liefert.

Frage an Radio Eriwan:

Stimmt es, daß die Israeli im Grunde nur sehr wenig von den Arabern wissen?

Radio Eriwan antwortet:

Im Prinzip ja. Sie kennen die Araber ja nur flüchtig.

Frage an Radio Eriwan:

Können Sie uns erklären, warum Dayan nur ein Auge hat?

Radio Eriwan antwortet:

Stellen Sie sich vor, er hätte zwei!

Frage an Radio Eriwan:

Haben die Araber ein sicheres Mittel, israelische Flugzeuge von eigenen Maschinen zu unterscheiden?

Radio Eriwan antwortet:

Im Prinzip ja. Was fliegt, ist Feind.

Frage an Radio Eriwan:

Ist es wahr, daß Mao Tse-tung ein Jude ist?

Radio Eriwan beantwortet die Frage nicht. Nach zwei Monaten erkundigt sich der Hörer bei Radio Eriwan, warum der Sender keine Auskunft gibt.

Radio Eriwan antwortet:

Es handelt sich um eine grundsätzliche Frage. Wir haben deswegen eine Kommission beauftragt, die die Sache klären wird.

Nach weiteren drei Monaten kommt die definitive Antwort:

Die Kommission hat den Oberrabbiner von Odessa gefragt: Ist Mao Tse-tung ein Jude? Der Rabbiner hat dazu nur gesagt: Das würde uns noch fehlen!

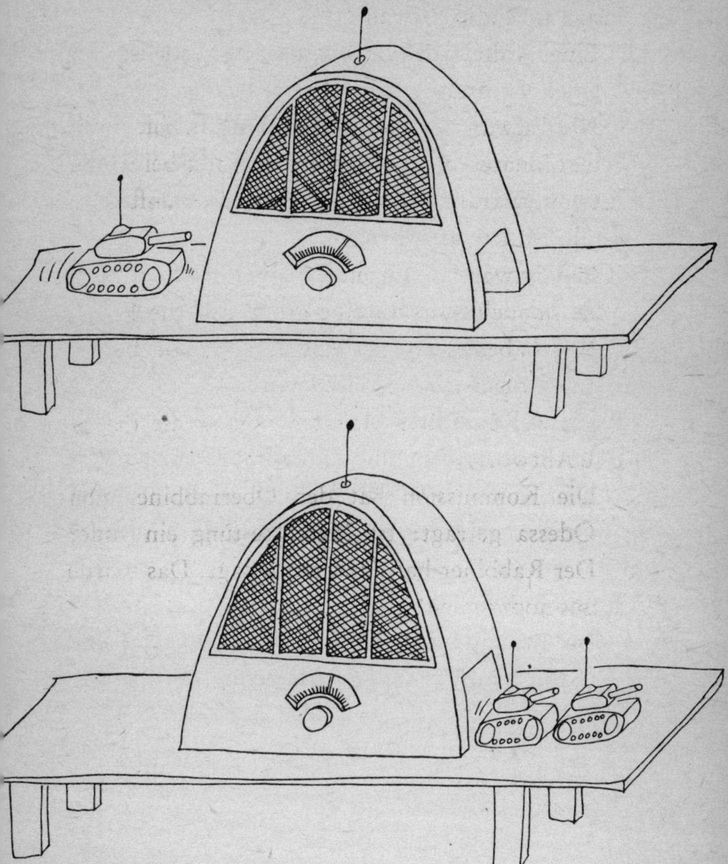

Frage an Radio Eriwan:

Eine Arbeiterdelegation unseres Distrikts hat einen Freundschaftsbesuch in Peking gemacht. Nun haben wir seit Monaten nichts mehr von den Genossen gehört. Können wir noch Hoffnung haben, daß sie unversehrt zurückkehren?

Radio Eriwan antwortet:

Im Prinzip ja. Es findet sicher bald ein Gefangenenaustausch statt.

Frage an Radio Eriwan:

Ich habe mich in eine chinesische Genossin verliebt, doch sie weicht meinem Werben immer wieder aus. Kann es sein, daß sie einen anderen Mann im Herzen trägt?

Radio Eriwan antwortet:

Im Prinzip ja. Jede Chinesin trägt Tag und Nacht Mao Tse-tung im Herzen.

Frage an Radio Eriwan:

Stimmt es, daß in China die höchste Form des Kommunismus erreicht wurde, weil niemand in die eigene Tasche arbeitet?

Radio Eriwan antwortet:

Im Prinzip ja. Die Chinesen haben nämlich an ihren Kitteln keine Taschen.

Frage an Radio Eriwan:

Bei uns weilt ein afrikanischer Student zu Gast. Wir zeigten ihm alle Sehenswürdigkeiten unserer Stadt und gingen mit ihm auch in den Zoo. Dort sah er zum erstenmal im Leben einen Löwen. Ist das nicht seltsam, da Afrika doch die Heimat der Löwen ist?

Radio Eriwan antwortet:

Im Prinzip nein. Unser Land ist die Heimat des Wohlstandes, und doch sind ihm viele noch nie begegnet.

Frage an Radio Eriwan:

Wann kann ein amerikanischer Neger damit rechnen, daß er nicht mehr verfolgt wird?

Radio Eriwan antwortet:

Wenn er in Vietnam gefallen ist.

Frage an Radio Eriwan:

Bei einer Umfrage in einem neutralen Land stellte sich heraus, daß viele Menschen lieber in der Sowjetarmee als in der amerikanischen Truppe dienen würden. Wie kommt das?

Radio Eriwan antwortet:

Die Leute dachten sicher daran, daß sie einmal in feindliche Gefangenschaft geraten könnten.

Frage eines Amerikaners an Radio Eriwan:

Ich wollte im Restaurant *Samowar* in Moskau ein Steak essen. Obwohl die Steaks im *Samowar* angeblich hervorragend sind und das Messer scharf war, konnte ich das Fleisch nicht schneiden. Können Sie sich das erklären?

Radio Eriwan antwortet:

Im Prinzip ja. Sie werden beim Schneiden auf ein Mikrophon gestoßen sein.

Frage an Radio Eriwan:

Ich bin Amerikaner und vor vierzehn Tagen meiner Botschaft in Moskau zugeteilt worden. Muß ich mich vor geheimen Abhörmikrophonen in acht nehmen?

Radio Eriwan antwortet:

Im Prinzip nein. Da Sie schon vierzehn Tage im Lande sind, weiß man bereits alles über Sie.

Frage an Radio Eriwan:

Stimmt es, daß die Amerikaner sehr viel mehr Autos haben als wir?

Radio Eriwan antwortet:

Im Prinzip ja. Aber wir haben dafür sehr viel mehr Parkplätze.

Frage an Radio Eriwan:

Stimmt es, daß im Westen die Schriftsteller ins Ausland reisen dürfen, um dort zu arbeiten?

Radio Eriwan antwortet:

Sie dürfen sogar zu Hause arbeiten.

Frage an Radio Eriwan:

Stimmt es, daß die Kapitalisten uns am meisten fürchten?

Radio Eriwan antwortet:

Im Prinzip ja. Aber das Finanzamt fürchten sie noch mehr.

Frage an Radio Eriwan:

Bei uns war ein Texaner zu Besuch, der mit der Größe seines Viehbestandes prahlte. Er behauptete, wenn er mit dem Auto um seine Viehherde herumfahren wolle, sei er einen ganzen Tag unterwegs. Gibt es so etwas auch bei uns?

Radio Eriwan antwortet:

Im Prinzip ja. Wir haben eine ganze Menge solcher Fahrzeuge.

Frage eines Amerikaners an Radio Eriwan:

Ich bin freier Amerikaner und möchte von Radio Eriwan eine ehrliche Antwort. Wenn ich ans Weiße Haus schreibe: »Nixon und die Regierung der USA sind komplette Idioten«, dann passiert mir nichts. Was passiert aber einem Russen, wenn er dasselbe an den Kreml schreibt?

Radio Eriwan antwortet:

Es passiert ihm auch nichts, wenn er an den Kreml schreibt: »Nixon und die Regierung der USA sind komplette Idioten.«

Frage an Radio Eriwan:

Kürzlich hat ein Korrespondent der *Prawda* die kapitalistischen Länder des Westens besucht und das Elend und die Unterdrückung der dortigen Arbeiterschaft geschildert. Er schrieb auch, daß die Arbeitnehmer in den monopolkapitalistischen Staaten so verängstigt seien, daß sie keine Auskunft gäben und sofort die Flucht ergriffen, wenn man sie ausfragen wolle. Stimmt das?

Radio Eriwan antwortet:

Im Prinzip ja. Die westlichen Arbeiter hoben beim Auftauchen des *Prawda*-Korrespondenten sofort abwehrend die Hände, stiegen in ihre Autos und brausten davon.

Frage an Radio Eriwan:

Stimmt es, daß fast jeder zweite Schwede einen eigenen Wagen hat?

Radio Eriwan antwortet:

Im Prinzip ja. Aber wie viele Schweden gibt es schon?

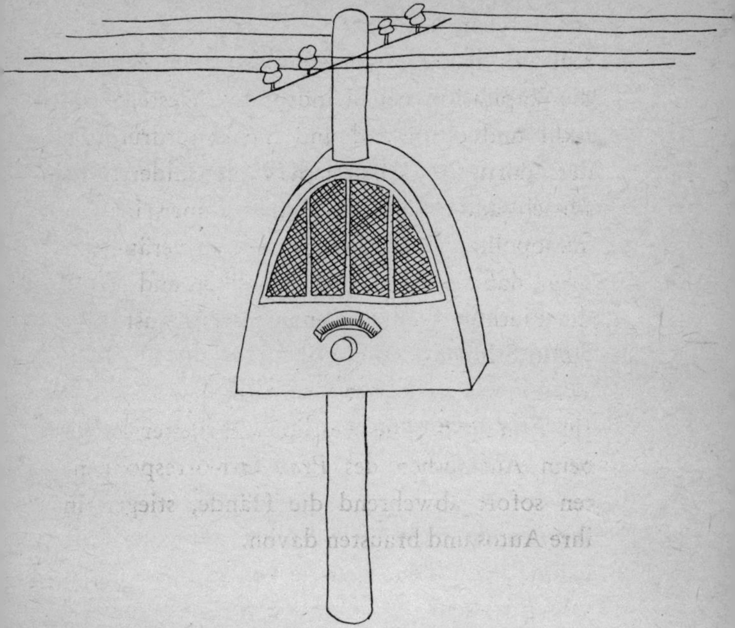

Frage an Radio Eriwan:

Trifft es zu, daß der Kapitalismus am Sex zugrunde gehen wird?

Radio Eriwan antwortet:

Im Prinzip ja. Allerdings macht diese Form des Unterganges sehr viel Spaß.

Frage an Radio Eriwan:

Stimmt es, daß sich Moskau für die Olympischen Spiele 1976 bewerben will?

Radio Eriwan antwortet:

Im Prinzip ja.

Zusatzfrage:

Werden da nicht viele Völker auf eine Teilnahme verzichten, weil sie von Moskau nichts wissen wollen?

Radio Eriwan antwortet:

Vielleicht. Aber wir Armenier kommen trotzdem.

Frage an Radio Eriwan:

Besteht die Möglichkeit, daß der Papst einmal die Sowjetunion bereisen wird?

Radio Eriwan antwortet:

Im Prinzip nein. Wir haben an unseren eigenen Päpsten genug.

# Unaufhaltsamer Fortschritt

Frage an Radio Eriwan:

Warum ist in Moskau der höchste Fernsehturm der Welt geplant (1000 m) – wäre nicht ein besseres Fernsehprogramm wichtiger?

Radio Eriwan antwortet:

Im Prinzip ja. Aber wer genehmigt ein besseres Programm?

Frage an Radio Eriwan:

Werden wir die amerikanische Industrieproduktion eines Tages überflügeln?

Radio Eriwan antwortet:

Im Prinzip ja. Allerdings hat uns bis dahin schon die japanische überflügelt.

Frage an Radio Eriwan:

Hat tatsächlich ein Russe das elektrische Klavier erfunden?

Radio Eriwan antwortet:

Im Prinzip ja. Und zwar vor Entdeckung der Elektrizität.

Frage an Radio Eriwan:

Ist der Gruppensex eine sozialistische Erfindung?

Radio Eriwan antwortet:

Im Prinzip ja.

Zusatzfrage:

Warum ist er dann bei uns verboten?

Radio Eriwan antwortet:

Wäre er erlaubt, würde überhaupt niemand mehr zu den Parteiversammlungen gehen.

Frage an Radio Eriwan:

Warum bauen wir Raumschiffe, wo es nicht einmal Fahrradklingeln zu kaufen gibt?

Radio Eriwan antwortet:

Wie kommen Sie zu einem Fahrrad?

Frage an Radio Eriwan:

Warum hat die Sowjetunion bei den letzten Olympischen Spielen in Tokio nicht die meisten Goldmedaillen gewonnen?

Radio Eriwan antwortet:

Gold hat für echte Sozialisten keine Bedeutung.

Frage an Radio Eriwan:

Warum produzieren wir eine solche Unmenge von Orden, wo es nicht einmal Toilettendeckel zu kaufen gibt?

Radio Eriwan antwortet:

Wollen Sie unsere Helden der Sowjetunion etwa mit Klodeckeln dekorieren?

# Pro domo

Frage an Radio Eriwan:

Wird Radio Eriwan in der gesamten Sowjetunion empfangen?

Radio Eriwan antwortet:

Im Prinzip ja, aber Gott sei Dank nicht immer verstanden.

Frage an Radio Eriwan:

Ist Ihnen bekannt, daß die Antworten des Senders Eriwan im westlichen Ausland als Witze kursieren?

Radio Eriwan antwortet:

Im Prinzip ja, uns ist dabei aber gar nicht so witzig zumute.

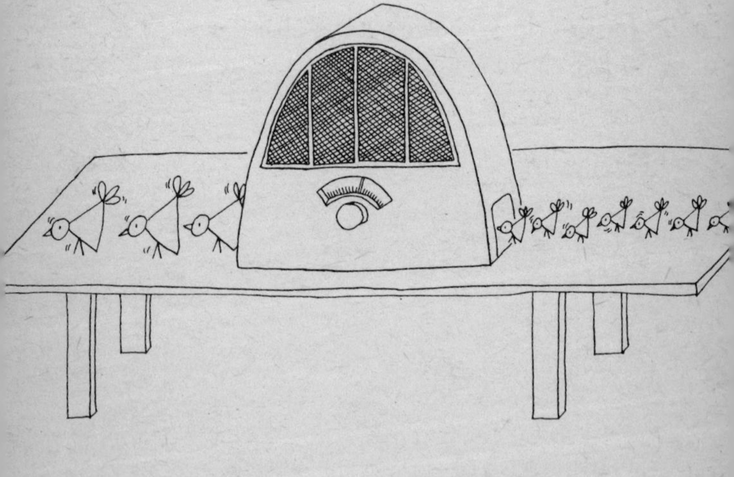

Frage an Radio Eriwan:

Werden die Fragen an Radio Eriwan von verschiedenen Redakteuren beantwortet?

Radio Eriwan antwortet:

Nein. Wir können nicht mehr als einen Mitarbeiter für längere Zeit entbehren.

Frage an Radio Eriwan:

Beantwortet Radio Eriwan Fragen auch schriftlich?

Radio Eriwan antwortet:

Im Prinzip ja. Wer aber gibt schon seinen Absender an?

Frage an Radio Eriwan:
Müssen Sie die Texte Ihrer Sendungen einer Zensur vorlegen?
Radio Eriwan antwortet:
Das ist unnötig. Neben uns liegt ein Strafgesetzbuch.

Frage an Radio Eriwan:
Sagen Sie in Ihren Sendungen die Wahrheit?
Radio Eriwan antwortet:
Im Prinzip ja, wir beziehen uns auf die *Prawda*.*

* »Prawda« heißt auf deutsch »die Wahrheit«.

Frage an Radio Eriwan:
Im Westen sind bereits zwei Bände mit Witzen über Radio Eriwan erschienen. Stimmt es, daß das sogenannte »Raubdrucke« sind?
Radio Eriwan antwortet:
Im Prinzip ja. Offiziell dürfen wir ja keine Lizenzen vergeben.

Frage an Radio Eriwan:
Wissen Sie, daß man bereits in der ganzen Welt über Radio Eriwan lacht?
Radio Eriwan antwortet:
Was sollte man sonst tun?

Frage an Radio Eriwan:
Haben Sie häufig Schwierigkeiten mit der Partei?
Radio Eriwan antwortet:
Im Prinzip ja, aber im ganzen hat die Partei mehr Schwierigkeiten mit uns.

# Inhalt

# Radio Eriwans Nachtprogramm

herausgegeben von Wolfgang Michael

84 Seiten mit Zeichnungen von W. Maier-Solgk, Efalin mit vierfarbigem Schutzumschlag

»Ein Bestseller. Darüber lachen die Deutschen besonders gern«, schrieb der »Spiegel«, als der Verlag Nachtschicht einlegen mußte, um die Nachfrage nach den legendären, pfiffig-schwejkhaften Eriwan-Witzen befriedigen zu können. Die neuesten sind auf der Ultra-Sex-Welle des armenischen Senders zu uns gekommen, wiederum »eine Witzsammlung, die es in sich hat« (Expreß, Köln). Wer sich diesen Spaß entgehen läßt, ist selbst schuld.

## Fischer Taschenbuch Verlag

# Unterhaltung

**M. Y. Ben-gavriêl**
**Frieden und Krieg des Bürgers Mahaschavi. Alte und neue Abenteuer**
Roman
Band 1113

**Patrick Skene Catling**
**Das Experiment**
Roman
Band 1161

**Max Catto**
**Mister Moses**
Roman
Band 1172

**Draginja Dorpat**
**Ellenbogenspiele**
Roman
Band 1131

**Joseph Heller**
**Catch 22**
Roman
Band 1112

**Die Herznaht und andere Arztgeschichten**
Vorwort von Walter Vogt
Band 1070

**James Jones**
**Kraftproben**
Roman
Band 1188

**Rachel Maddux**
**Die Frau des anderen**
Roman
Band 1009

**Roger Peyrefitte**

**Diplomaten**
Roman
Band 1132

**Die Natur des Prinzen**
Roman
Band 1150

**Die Schlüssel von Sankt Peter**
Roman
Band 1091

**Klaus Rifbjerg**
**Unschuld**
Roman
Band 1141

**Michael Rumaker**
**Gringos**
Erzählungen
Band 1101

# Fischer Taschenbuch Verlag

## Heitere Lyrik – Chansons

**Bänkelbuch**
**Deutsche Cansons**
Hrsg. v. Eric Singer (760)

**Günter Bruno Fuchs**
**Pennergesang**
Gedichte und Chansons (826)

**Jiddische Lieder**
**Mit deutscher Übersetzung und Noten**
Hrsg. v. Elsbeth Janda und Max M. Sprecher
Vorwort von Fritz Nötzold (1145)

**Erich Kästner**
**Die kleine Freiheit**
Chansons und Prosa
Zeichnungen von Paul Flora (507)

– : **Wer nicht hören will, muß lesen** (1211)

**Limericks, Limericks**
Hrsg. v. Jürgen Dahl (809)

**Die Meisengeige**
Zeitgenössische Nonsensverse gesammelt und herausgegeben v. Günter Bruno Fuchs mit einer Zwischengeige in zehn Zeichnungen v. Ali Schindehütte (917)

**Fritz Nötzoldt** (Hrsg.)
**Krokodilstränen**
Parodistische Bänkelballaden und Moritatenlieder. Illustrierte Ausgabe (1154)

**Frank Wedekind**
**Gedichte und Chansons**
Nachwort von Pamela Wedekind (933)

**Weib, Wein und Würfelspiel**
**Vagantenlieder**
Lateinisch/Deutsch
Hrsg. und übersetzt von Karl Langosch. Originalausgabe (1047)

# Reihe Fischer

1 Daniil Charms: *Fälle.* Prosa, Szenen, Dialoge. Aus dem Russischen; mit einem Nachwort von Peter Urban.
2 Sven Holm: *Termush, Atlantikküste.* Roman. Aus dem Dänischen von Hanns Grössel.
3 Hermann Jandl: *Leute Leute.* Lyrik.
4 Ivan Sviták: *Hajaja-Philosoph.* Parabeln. Aus dem Tschechischen von Paul Kruntorad.
5 Jürgen Alberts: *Aufstand des Eingemachten.* Prosa.
6 *Beethoven '70.* Aufsätze. Mit Beiträgen von Adorno, Kagel, Metzger, Schnebel, Pauli, Wildberger.
7 Max Horkheimer: *Vernunft und Selbsterhaltung.* Essay.
8 Dieter Schlesak: *Visa. Ost-West-Lektionen.* Essays.
9 Burt Blechman: *Achtung 901.* Prosa. Aus dem Amerikanischen von Traut Felgentreff.
10 Karl-Hermann Flach: *Noch eine Chance für die Liberalen.* Oder: Die Zukunft der Freiheit. Eine Streitschrift.
11 Peter Henisch: *Hamlet bleibt.* Prosa. Ein Zyklus.
12 Ireneusz Iredyński: *Versteckt in der Sonne.* Roman. Aus dem Polnischen von Janusz von Pilecki.
13 Lutz Lehmann: *Klagen über Lehrer F.* und andere Schul-Beispiele von autoritärer Tradition.
14 Eugen Mahler: *Psychische Konflikte und Hochschulstruktur.* Gruppenprotokolle.
15 Hermann Jandl: *Vom frommen Ende.* Prosa.
16 Hansjörg Pauli: *Für wen komponieren Sie eigentlich?* Interviews mit Ferrari, Henze, Kagel, Nono, Schnebel, Wildberger.
17 Charlotte Rothweiler: *Ein sozialer Rechtsstaat?*
18 Alfred Schmidt: *Bester jagt Spengler.* Prosa.
19 *Wallfahrtsstätten der Nation.* Nationaldenkmäler.
20 O. K. Werckmeister: *Ende der Ästhetik.* Essays.
21 Antonio Gramsci: *Briefe aus dem Kerker.* Hrsg. und aus dem Italienischen übertragen von Gerhard Roth.
22 Kurt Jürgen Huch: *Einübung in die Klassengesellschaft.*
23 Jakov Lind: *Israel. Rückkehr für 28 Tage.* Aus dem Englischen von E. Tranger.
24 Dragoslav Mihailović: *Als die Kürbisse blühten.* Erzählung. Aus dem Serbischen von Peter Urban.
25 Tomaž Šalamun: *Ein Stengel Petersilie im Smoking.* Gedichte. Aus dem Slovenischen von Peter Urban.
26 Gerhard Zwerenz: *Der plebejische Intellektuelle.* Essays.